21. April bis 20. Mai

Der Stier

Johann Mayrs Satierkreiszeichen

© Korsch Verlag GmbH & Co., Gilching, Juli 2006
Illustrationen: Johann Mayr
www.johannmayr.de
Texte: Christine Guggemos
Gestaltung: Barbara Vath
Satz: FIBO Lichtsatz, Kirchheim
Lithografie: REPRO BRÜLL, A-Saalfelden
Druck und Bindung: Uhl, Radolfzell
Printed in Germany
ISBN 10: ISBN 3-7827-1866-6
ISBN 13: ISBN 978-3-7827-1866-0

Verlagsverzeichnis schickt gern:
A. Korsch Verlag GmbH & Co., Postfach 10 80, 82195 Gilching
www.korsch-verlag.de

Inhalt

Stier-Steckbrief • 4

Das Stier-Prinzip • 8

Der Über-Stier • 12

Der Stier und die anderen • 16

Damit kann man den Stier
ganz schön ärgern • 20

Damit kann man dem Stier
eine große Freude machen • 22

Der Stier im Bett • 24

Stiere, die die Welt veränderten • 26

Die 10 wichtigsten Gründe,
warum es schön ist, ein Stier zu sein • 30

Die 10 wichtigsten Gründe,
warum es anstrengend ist, ein Stier zu sein • 34

Stierdiplomatie für Anfänger • 38

Erfindungen, die dem Stier
zugeschrieben werden • 42

10 Gebote für ein gutes
Zusammenleben mit dem Stier • 44

Nur noch Stiere auf der Welt – geht das? • 46

Stier-Steckbrief

Der Stier
Lateinischer Name: Taurus
Gattung: Hausrind
Geburtsdatum: 21.4. – 20.5.
Element: Erde
Planet: Venus

Merkmale

Der Stier wird in der Regel zwischen 1,50 und 2,30 Meter groß und zwischen 50 und 200 Kilo schwer. Die weiblichen Stiere sind etwas kleiner und zierlicher als die Männchen, in ihrer Erscheinung aber mindestens ebenso beeindruckend. Das Wesen der Stiere ist gutmütig, geduldig, ausdauernd, charmant, hilfsbereit, sinnlich, realistisch, praktisch und vital, kann aber auch sture, konservative, materialistische, eigensinnige, phlegmatische, triebhafte und genusssüchtige Züge haben. Das kommt ganz auf das jeweilige Exemplar an.

Verbreitung

Der Stier in seiner domestizierten Form ist besonders auf der Süd- und auf der Nordhalbkugel der Erde beheimatet, fühlt sich aber auch am Äquator wohl. Wichtig für ein gesundes Wachstum der Art sind blühende Landschaften, eine gute Restaurantdichte und ein überdurchschnittlich hohes häusliches Wohlfühlniveau. In kärglichen Gegenden ist der Bestand gefährdet, wenn nicht bereits ausgestorben.

Lebensweise und Ernährung

Der Stier ist kein Einzelgänger. In einer Herde, gerne auch mit anderen Sternzeichen, fühlt er sich geborgen und kann sich am besten entwickeln. Bei artgerechter Haltung kann der Stier ein stattliches Alter erreichen. 100 Jahre und mehr sind bei diesem robusten und vitalen Tier keine Seltenheit. Damit der Stier gesund und munter bleibt, ist auf eine ausgewogene und hochwertige Ernährung besonders zu achten. Viel Schlaf und etliche Streicheleinheiten pro Tag erhöhen die Lebenserwartung zusätzlich.

PHASEN HOHER AKTIVITÄT WECHSELN BEIM STIER MIT ENTSPANNTEREN LEBENSABSCHNITTEN AB

Das Stier-Prinzip

Das Wesen des Stiers lässt sich auf eine einfache Formel zusammenfassen: Bei ihm kommt alles auf die drei G-Punkte an. Sie wissen immer noch nicht, wo der eine liegt und der Stier soll gleich drei davon haben? Keine Panik: Hier sind Geld, Genuss und Geduld gemeint, nicht das, was Sie denken! Warum das Geld zuerst kommt? Ganz einfach: Ohne Geld kein Genuss und ohne Genuss kann selbst dem Stier langfristig der Geduldsfaden reißen. Natürlich ist das noch nicht alles, erfahrene Stier-Flüsterer sollen noch ein paar andere Erkenntnisse über den Stier gewonnen haben, die wir Ihnen an dieser Stelle nicht vorenthalten möchten. Da wäre zunächst das vierte G, die Gutmütigkeit, die den Stier so angenehm und liebenswert macht. Sie ist jedoch nicht so beherrschend wie die anderen 3 Gs, denn wer den Stier zu sehr reizt, wird bald erfahren, dass sich seine Gutmütigkeit schnell ins Gegenteil verkehren kann. Bei so einem Wutausbruch ist das Revier des Stiers umgehend zu verlassen. Im Extremfall ist es sogar ratsam, es nie wieder zu betreten. Der Stier liebt die Natur und die schönen Dinge des Lebens, was sich Stier-Dompteure gerne zu Nutze machen, um ihre

STIERE BENÜTZEN AUSGEFEILTE STRESSBEWÄLTIGUNGS-STRATEGIEN

Tiere zu Höchstleistungen anzuspornen. Mit Ausdauer und zähem Willen schafft der Stier bei der Verabreichung von ausreichend Belohnung mehr als so manch anderes Sternzeichen. Man sollte ihn aber nur vorsichtig anleiten, denn er weiß selbst, wie er am besten vorankommt und rückt von einer gewonnenen Überzeugung nicht so leicht wieder ab. Dass Sturheit im Mittelhochdeutschen Stierheit hieß, und das „ie" lediglich durch eine Lautverschiebung zu einem „u" wurde, ist unseres Wissens ein Gerücht, wenn auch kein besonders abwegiges. Um dem Stier ein langes und erfülltes Leben zu ermöglichen, sollte man ihm ausreichend Rekreationsphasen gönnen. Wellnessurlaub oder romantische Menüs bei Kerzenschein sollten dabei genauso wenig fehlen wie gemütliche Sonntage auf dem Sofa oder in der Hängematte. Nur wenn der Stier auch seine phlegmatische Seite ausleben kann, geht es ihm gut. Dann behält er auch seine sinnliche Ausstrahlung, sein attraktives Äußeres und sein ausgeglichenes Wesen bis zum höchsten Gnadenbrotalter bei.

Der Über-Stier

Was passiert wohl, wenn eines Tages ein kleines Stierchen die Welt erblickt, bei dem die Stiereigenschaften ins Extreme gehen? Quasi ein Stier mit Aszendent Stier, ein Mega-Stier, der Stier unter den Stieren? Lassen Sie uns dieses Szenario einmal kurz durchspielen: Die ersten Worte des Über-Stierchens sind wahrscheinlich „Konto", „Geld" und „meins" und so spielt es auch am liebsten mit Münzen, Edelsteinen oder Kontoauszügen (aber nur die mit schwarzen Zahlen drauf, die anderen rühren ihn zu Tränen). Das wäre ja bei weitem noch nicht so schlimm, die größeren Probleme tauchen erst im Kindergartenalter auf. Dauernd versuchen die anderen dem Kleinen seine leckeren Kaviar-Pausen-Brötchen wegzunehmen oder wollen seine Designer-Gummistiefel anprobieren. Kein Wunder, dass unser Turbostierchen hin und wieder Amok läuft und ein paar der an-

EINE GEWISSE MATERIELLE GRUNDAUSSTATTUNG IST FÜR DEN STIER AUSSERORDENTLICH BERUHIGEND

deren Kinder kurzerhand am Kleiderhaken aufhängt. Die Arbeit hat er nicht erfunden, dafür schon eher die große Pause. Die dauert bei ihm von 8–12 und am Nachmittag legt er dann ein kleines Schläfchen ein. Nicht ohne sich vorher von Mutti mittags mit einem leckeren 3-Gänge-Menü verwöhnen zu lassen. Gutmütig schaut er darüber hinweg, dass seine Geschwister auch etwas davon abbekommen. Schließlich verwaltet er ihr Taschengeld. Wenn die wüssten, wie viel Zinsen er bei der Bank heimlich dafür ausgehandelt hat, würden sie ihn kurzerhand steinigen. Seine großen Vorbilder Donald Trump, Bill Gates und Dagobert Duck haben ihm eindrücklich vermittelt, wie man geschickt zu Wohlstand kommt. Da kann man sich in allen Farben des Geldes leicht ausmalen, was später mal aus unserem Turbo-Stierchen wird.

Der Stier und die anderen

Angenommen, der Stier sitzt eines Abends mit den anderen 11 Sternzeichen an einem reich gedeckten Tisch, doch irgendwie will sich heute keine Harmonie einstellen. Im Gegenteil, keiner der anwesenden Gäste hat in den Augen des Stiers auch nur im Geringsten begriffen, auf was es im Leben ankommt. Gehen wir der Reihe nach vor: Der Zwilling plappert pausenlos sinnloses Zeug und gibt all seine Kohle für Sachen aus, die morgen schon wieder total out sind. Der Krebs hat schlechte Laune und kann mal wieder überhaupt keine Widerworte vertragen, ohne beinahe loszuheulen. Der Löwe hält sich für den Größten und verliert dabei jeden Bezug zur Realität und zu seinem Geldbeutel. Die Jungfrau saugt ständig die Krümel weg, dabei könnte sie den Abend wirklich mal genießen. Die Waage hat keine Ahnung, was sie essen soll und verzichtet aus figurtechnischen Gründen darauf, einfach von allem zu probieren. Sel-

TRÜBSAL BLASEN IST FÜR DEN STIER KEIN ERSTREBENSWERTER GEMÜTSZUSTAND

ber schuld! Der Skorpion kommentiert das Geschehen mit so viel Zynismus, dass dem Stier fast der Appetit vergeht. Der Schütze erzählt ständig von seinen blöden Reisen. Vor lauter Gelaber wird beinahe die Suppe kalt. Der Steinbock verabschiedet sich schon nach der Vorspeise und geht nochmals ins Büro. Der Wassermann sieht nicht nur aberwitzig aus, er kombiniert das Essen auch derartig kreativ, dass einem schlecht werden könnte. Der zerstreute Fisch verschüttet ständig die Getränke und träumt dabei von einer besseren Welt, anstatt die Sauerei endlich wegzuputzen. Der Widder hat mal wieder überhaupt kein Sitzfleisch und macht so viel Wind, dass sogar die Kerzen ausgehen. Ein Stress ist das, der Stier hält es kaum aus. Gutmütig und hungrig, wie er ist, bleibt er aber trotzdem sitzen.

ESSEN UND TRINKEN HABEN IM LEBEN DES STIERS EINE ZENTRALE BEDEUTUNG

Damit kann man den Stier ganz schön ärgern

Der Stier ist ja berühmt für seine Gutmütigkeit, doch auch diese hat bekanntlich ihre Grenzen. Einige Dinge kann er einfach überhaupt nicht vertragen. Anspielungen auf seine Rundungen z. B. sind Gift für seine Seele. Schließlich weiß er selber, wann es Zeit ist, wieder kürzer zu treten. Auch andere gut gemeinte Ratschläge sollte man sich besser sparen. Der Stier verabscheut nichts mehr, als Einmischungen in seine Entscheidungen oder sein Leben generell. Doch, eines hasst er noch mehr, wenn jemand sein sauer verdientes Geld verschwendet. Nicht dass der Stier geizig wäre, aber warum bei Dengelmann kaufen, wenn es das Gleiche für die Hälfte bei WALDI gibt? Wer den Stier so richtig toben sehen will, verbrennt am besten seine Versicherungspolicen, lässt während seines Urlaubs die Pflanzen vertrocknen oder leiht sich ungefragt seine Kreditkarten aus. Der darauf folgende Wutausbruch wird Geschichte schreiben, versprochen!

Damit kann man dem Stier eine große Freude machen

Eigentlich ist es ganz einfach, den Stier glücklich zu machen. Man schenkt ihm ein Schloss mit angrenzendem Park, räumt ihm eine Vollmacht für das Konto von Rockefeller ein und stellt ihm ein großes Auto zur Verfügung, in dem er erlesene Antiquitäten und Pflanzen in sein neues Heim transportieren kann. Sollte dieser Plan scheitern, kann man aber auch auf Plan B zurückgreifen. Laden Sie den Stier zu einem leckeren Essen ein und sagen Sie, wenn er sich zum dritten Mal bedient: „Nimm nur, du kannst es dir ja leisten." Sparen Sie nicht an der Qualität der Tischgetränke und dekorieren Sie alles mit Blumen und Kerzen. Sorgen Sie dafür, dass der Stier am nächsten Tag nicht geweckt wird. Die größte Freude aber hätte der Stier, wenn er mit einem motorisierten Bett durch die Landschaft fahren könnte. Frische Luft, die Natur genießen und das alles ganz ohne Bewegung, im Liegen. Der Stier würde vor Glück beinahe platzen.

GEGENÜBER HANDFESTEN ARGUMENTEN IST DER STIER STETS AUFGESCHLOSSEN

Der Stier im Bett

Na, haben Sie diese Seite als Erstes angesteuert? Sie sind schon wahnsinnig gespannt, was der Stier im Bett so alles an Kunststücken zu bieten hat? O. K., dann wollen wir Sie mal nicht länger auf die Folter spannen: Das Bett ist neben der Erde wohl das zweite Element des Stiers. Hier fühlt er sich besonders wohl. Ob schlafend, lesend, frühstückend oder auch Champagner schlürfend, in seinem kuscheligen Bettchen macht der Stier bei diesen Tätigkeiten eine besonders gute Figur. Das Bett bietet ihm aber auch ausreichend Möglichkeiten, das Fernsehen, Telefonieren oder Verzehren eines romantischen Liebesmenüs besonders bequem zu genießen. Was der Stier nach dem romantischen Liebesmenü so alles anstellt, würden Sie gerne noch erfahren? Dazu nur so viel: Venus wird schon wissen, warum sie ihren planetarischen Einfluss ausgerechnet dem Stier zukommen lässt, oder?

DER STIER IST SEHR ROMANTISCH, WENN ES NICHT MIT GRÖSSEREN ANSTRENGUNGEN VERBUNDEN IST

Stiere, die die Welt veränderten

Klingt zwar paradox, aber es gab tatsächlich ein paar Stiere, die den Lauf der Welt maßgeblich beeinflussen konnten, obwohl doch Veränderungen nicht gerade das Spezialgebiet des Stieres sind. Helena zum Beispiel, die schönste Frau der Welt, war mit Sicherheit ein Stier-Mädchen. Nur wegen ihrer sagenhaften Schönheit und Sinnlichkeit kam es sogar zum Trojanischen Krieg. 10 Jahre dauerte er, bis Odysseus und Co. endlich auf den rettenden Gedanken mit dem hölzernen Pferd kamen und Troja doch noch erobern konnten. Helena hat die Welt verändert. Nicht nur, weil seit der Geschichte um Troja eindeutig bewiesen ist, dass männliche Helden gerne mal mit ihren Geschlechtsorganen denken, nein, sie hat uns auch Folgendes gezeigt: Lässt man ihnen nur lange genug Zeit, kommen sie sogar auf erstaunlich kreative Ideen damit. Natürlich gab es auch männliche Stiere, die der Welt zu neuen Erkenntnissen verholfen haben. Sig-

STIERE SCHÄTZEN PLÖTZLICHE VERÄNDERUNGEN ÜBERHAUPT NICHT

mund Freud zum Beispiel, der seine stiergemäße Vorliebe für libidinöse Ausschweifungen für seinen Beruf optimal einsetzen konnte. Ohne ihn wüssten wir bis heute nicht, dass es ganz normal ist, triebgesteuert zu sein und was es bedeutet, wenn man von riesengroßen Hengsten oder ausgefallenen Zähnen träumt. Karl Marx, der sich gemäß seiner Stier-Natur fast ausschließlich mit Kapital und materiellen Zwängen beschäftigte, hätte mit seinem stiertypischen Gerechtigkeitssinn beinahe eine bessere Welt geschaffen. Beinahe, denn raus kam leider nur der Kommunismus. Und der hat ja bekanntlich gerade im Sinne der Stiere nicht besonders gut funktioniert.

DER STIER WILL SEINE AUFGABEN IN ALLER RUHE UND STRENG DER REIHE NACH VERRICHTEN

Die 10 wichtigsten Gründe, warum es schön ist, ein Stier zu sein

Sonne, eine Liege, ein paar Drinks und Knabbereien reichen dir zum Glücklichsein.

Du hast es nicht nötig, die Langsamkeit erst zu entdecken.

Für dein Lieblingshobby brauchst du keine Ausrüstung: Eine Couch oder ein Bett reichen völlig aus.

An deiner sinnlich-erotischen Ausstrahlung musst du nicht lange feilen. Venus hat sie dir in die Wiege gelegt.

Hektik kennst du nur vom Hörensagen und von den anderen.

Rote Zahlen kennst du nur vom 500-Euro-Schein.

Da man Sportverletzungen beim Stier nahezu ausschließen kann,
bekommst du bei der Krankenversicherung einen Sonderrabatt.

Du bist mit sämtlichen Kneipenwirten in deiner näheren
Umgebung per Du und kriegst immer was Leckeres spendiert.

Banken und Freunde würden dir jederzeit Geld leihen –
weil du es nicht brauchst.

Spezieller Altersstarrsinn kann dich nicht befallen –
sturer geht's einfach nicht!

STIERE MÜSSEN NICHT UNBEDINGT MIT MATERIELLEN WERTEN PROTZEN

Die 10 wichtigsten Gründe, warum es anstrengend ist, ein Stier zu sein

Dauernd musst du dich um deinen Besitz kümmern.

Jeden Tag klingelt dieser verdammte Wecker.

Es gibt auch hässliche Dinge.

Sahnetorte hat ganz schön viel Kalorien.

Du hast hin und wieder Alpträume,
in denen du nochmals zum Sportunterricht musst.

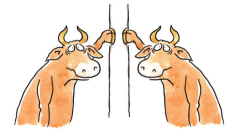

Alle Freunde sind auf dem Fitness- und Schlankheitstrip.

Die Waage kann man nicht betrügen.

Winterschlaf wird nur bei Tieren akzeptiert.

Die anderen glauben nicht, dass du immer Recht hast,
obwohl es stimmt.

Rotwein und Bier sind auf Dauer ungesund.

DER STIER HAT OFT ÄUSSERST VIEL SPASS AM LEBEN

Stierdiplomatie für Anfänger:

Wenn der Stier ... sagt, dann meint er eigentlich:

Da bin ich schon völlig ausgebucht …
ich brauch mal wieder meine Ruhe.

Eigentlich habe ich gar keinen Hunger … was gibt es denn Gutes?

Das sehe ich nicht so … Du hast ja überhaupt keine Ahnung.

Ganz nett … ein ästhetisches Kapitalverbrechen erster Kajüte.

Natürlich kann ich dir was leihen … aber ungern,
wehe, du gibst es mir nicht zurück.

Ich bin pleite … ich habe nur noch 1.000 Euro auf dem Girokonto.

Ich bin nicht stur … was kann ich denn dafür,
dass du nie Recht hast.

Drei Weinchen müssen reichen … blöd, dass ich noch fahren muss.

Danke, ich kann nicht mehr … das Essen war echt scheußlich.

Guten Morgen … was kann an einem Morgen schon gut sein außer ausschlafen?

Findest du? … So einen Schwachsinn habe ich schon lange nicht mehr gehört.

O. K., Schwamm drüber … ich werde diesen Fehltritt auf die Liste deiner Todsünden setzen.

Jetzt reicht's aber bald mal … Bring dich bloß in Sicherheit, du Vollidiot, oder ich mach dich platt!

KOMPLIMENTE EINES STIERS WIRKEN MANCHMAL UNBEHOLFEN, KOMMEN ABER VON HERZEN

Erfindungen, die dem Stier zugeschrieben werden:

Fernbedienung
💡
Cholesterin senkende Lebensmittel
💡
Bankkonto
💡
Champagner
💡
Wellness-Hotels
💡
Mittagspause
💡
Hängematte
💡
Schweizer Nummernkonto
💡
Milka-Schokolade

STIERE LASSEN PRAKTISCHE ASPEKTE NUR SELTEN AUSSER ACHT

10 Gebote
für ein gutes Zusammenleben mit dem Stier

1.
Du sollst keine anderen Liebhaber, Kuscheltiere, Lieblingsköche oder Sonstiges neben mir haben.

2.
Du sollst unser Eigentum ehren und vermehren.

3.
Du sollst nicht begehren eine Bankkarte, einen Online-Zugang oder eine Kreditkarte für mein Konto, außer du zahlst mit ein und verdienst mehr als ich.

4.
Du sollst die Mahlzeiten mit mir zusammen einhalten und am besten auch welche zubereiten.

5.
Du sollst mich nicht hetzen.

6.
Du sollst meinen Gedächtnisspeicher
nicht mit schlechten Erinnerungen an
unangenehme Streitgespräche füllen.
In deinem eigenen Interesse!

7.
Du sollst mit mir ausgehen und das Leben genießen.

8.
Du sollst meine Meinung ernst nehmen,
sehr ernst sogar.

9.
Du sollst das Wort Fortschritt in meiner Gegenwart
nicht unnötig oft erwähnen.

10.
Du sollst meine kleinen Flirts mit
anderen tolerieren.
Gilt allerdings nicht umgekehrt.

Nur noch Stiere auf der Welt – geht das?

Eigentlich ist die Vorstellung nicht schlecht: Die Worte Armut, Hungersnot und Slum sind ausschließlich aus Horrorfilmen bekannt, die ganze Welt sieht aus wie der Gewinner des Wettbewerbs „unser Dorf soll schöner werden", und die Frequenz einschlägiger Fast-Food-Ketten ist endlich wieder angenehm gering. Billiger Fusel und ekliger Kantinenfraß auf orangefarbenen Tabletts sind genauso wie Supermarktmusik und Leggings unter Androhung empfindlicher Strafen verboten. Es ist aber nicht nur schöner, es ist auch deutlich friedlicher in einer Welt voller Stiere. Denn dass sich die gemütlichen Stiere gegenseitig bis zum Kriegsausbruch reizen, ist äußerst unwahrscheinlich und sämtliche Formen von

Eigentumsdelikten sind ausgestorben. Jeder hat schließlich, was er braucht! Ein paar kleine Probleme könnten aber trotz allem auftauchen. Z. B. kommt nur eine Monarchie mit Erbfolge als Regierungsform in Frage, denn von den Stieren hat kaum einer Lust, für ein politisches Amt zu kandidieren. Sich in den Vordergrund spielen liegt ihnen eben nicht so sehr. Ein Hauch von Stillstand und Verschlafenheit weht über das Land, der besonders bei Nebelwetter Depressionen hervorrufen kann. Doch ansonsten wirken die schmucken Häuschen und gepflegten Vorgärten der Stiere so perfekt wie eine Modelleisenbahnlandschaft. Bei dieser Mega-Idylle werden aber höchstens noch die Gartenzwerge neidisch, alle anderen Sternzeichen, mit Ausnahme der Jungfrau, würden um ihr Leben rennen.